© 2021 Lola RIL,
Édition : BoD – Books on Demand,
12/14 rond-point des Champs-Élysées, 75008 Paris
Impression : BoD - Books on Demand, Norderstedt, Allemagne
ISBN : **9782322378692**

**Dépôt légal : Juillet 2021**

# Les réflexions de Lola

*ou le miroir sans tain*

@RIL

**Écrits et Poèmes choisis**

illustrations - LOLA RIL
montages photographies personnelles

*follow me!*

### *HAPPY NEW YEAR !*

En ce début d'année,
Janvier s'est installé.
Son nom, il le tient
d'un Dieu romain.

Mois de glace
par excellence !
de son manteau blanc,
il recouvre de féerie,
forêts et prairies
délicatement !

Personnage légendaire,
d'un bienveillant caractère
Bonhomme Janvier
le bien nommé !

Mois des Rois,
autour d'une galette
réunit les villageois,
pour un jour de fête.

Ainsi, Janvier s'est installé.
Il vous souhaite une bonne année !

happy new year

### *HAPPY VALENTINE' S DAY...*

Aujourd'hui, 14 Février
se conjugue le verbe aimer

Qu'il soit, fut, sera,
l'Amour demeurera !

Sentiment qui nous inspire,
parfois le pire !

Émotion que l'on découvre,
qui nous éprouve !

Passion qui nous dévore,
unissant nos corps !

Affection qui nous réconforte,
lorsque l'on sanglote !,

Aujourd'hui, 14 Février
s'échangent plein de baisers.

happy valentine's day

### ***SPRING and LOVE...***

Il est au seuil de nos portes,
enfin les beaux jours !
Le doux parfum qui nous transporte,
telles nos caresses mon Amour.

Le chant mélodieux
d'un rossignol amoureux,
telles nos envies mon Amour.

La couleur magnifique
d'un parterre de tulipes,
tels nos baisers mon Amour.

Une ondée légère
d'une giboulée printanière,
tels nos fous rire mon Amour.

La nature s'éveille,
tout n'est que merveille,
tels nos câlins mon Amour.

Le Printemps est là,
enfin les beaux jours !
Telle la douceur de tes bras
mon tendre Amour.

Flowers...

## *TODAY... PAST...*

Aujourd'hui, noir est mon cœur.
Autrefois de mille couleurs.

Aujourd'hui, en colère est mon cœur.
Autrefois débordant de douceur.

Aujourd'hui, amer est mon cœur.
Autrefois sans aucune rancœur.

Aujourd'hui, triste est mon cœur.
Autrefois empli de bonheur.

En résumé ;
Aujourd'hui,
mon cœur est noir, en colère, amer et triste.
Autrefois,
de mille couleurs, débordant de douceur, sans rancœur, empli de bonheur !

La Dame de Cœur serait-elle devenue la Dame de Pique ?

The queen of the hearts...

## *Autopsie d'une overdose de chagrin...*

| SUJET | Homme /Femme |
|---|---|
| AGE | Indifférent |
|  |  |
| YEUX | Bouffis |
| LEVRES | Gonflées |
| CORPS | Meurtri |
| COEUR | Profonde incision, brisé |
| ENTRAILLES | Éviscérées |
|  |  |
| CONCLUSION | Rupture de passion |
| OBSERVATIONS | Aucune âme, plus de larmes.<br>Aucun sourire, plus de désir.<br>Aucun émoi, plus de joie.<br>Aucune rêverie, plus de vie ! |
| DOCTEUR LOVE | *(cachet : DOCTOR LOVE - LOVE - DOCTOR)* |

*Spirit...*

## *OBSESSION...*

Au milieu de ce rêve,
où mon âme ensorcelée,
est prisonnière de cet attrape-rêves.
Tel le démon pourchassé,
pareil à Lucifer
au tréfonds de l'enfer.

Pourquoi, ne puis-je me défaire,
de cette folie passagère,
qui annihile ma volonté,
de ne pouvoir y échapper ?
Tel l'amour obsessionnel
jusqu'au péché originel.

Le temps qui passe
n'est pas un flash !
C'est une impasse
ce reflet dans la glace…

@RIL

*Passing Time…*

## *THE REFLECTION OF REALITY...*

Quelle douce mélodie !
Au-delà de l'infini,
les notes me transportent,
où mon cœur porte
cet amour
au fil des jours.
Est-ce le reflet
de ma réalité ?

Quelle insupportable chaleur !
Au tréfonds de ta torpeur
les flammes te consument,
où ton cœur n'assume
cet amour
au fil des jours.
Est-ce le reflet
de ta réalité ?

*past time...*

*Extraits de ma nouvelle :*


*Les Amants de Groenlo
( mai 2020)*

Quatre héros, deux époques…

Une nouvelle romanesque.

L'histoire se déroule entre Port-Mahon (Mayorque) et Groenlo (Pays-Bas).

Une jeune femme en 2019 découvre des lettres, au beau milieu d'un vieux pigeonnier du manoir de Hautes Vallées. Correspondance de deux amants, Roxane et Angus qu'un conflit sépare en l'an de grâce 1627 (bataille de Groenlo sous Frédéric Henri Nassau de Flandres). Notre héroïne plonge au cœur de cette romance du 17e siècle à la lecture de ces lettres…

## *MY LOVING FRIEND,*

*Nous venons d'arriver dans cette ville du bout du monde après une marche de plusieurs jours. Le temps est couvert,*

*La Hollande quel beau pays !*

*Nous avons été les derniers à rentrer dans la ville. C'est le siège maintenant, coupés du monde. Il faudra en sortir demain avec les armes, ma douce, mon aimée.*

*J'ai hâte de te retrouver.*

*Le destin de nôtre rencontre. Quelle douce soirée nous avons passé qui restera à jamais gravée dans mon cœur, me donne l'espoir de te retrouver !*

*Ces mots tendres, cette légèreté, m'ont transporté jusqu'aux cieux.*

*Vais-je mourir demain, s'en avoir eu le temps de tout te donner ?*

*Que dieu veille sur toi.*

*Ton Ami,*

***MY DEAR,***

*Tes mots résonnent en moi comme une douce mélodie. Cependant mon inquiétude est grande. Te savoir au loin, au sein de ce conflit qui n'est pas le tien !*
*Pourquoi t'es-tu engagé dans ce périple insensé ?*

*Mon Ange, mon Adoré,*
*nous retrouverons nous ?*
*Depuis cette lettre, que t'est-il arrivé ?*
*Es-tu blessé, aux mains de l'ennemi*
*ou pires encore ?*

*O ! Mon Adoré, pourquoi ai-je cette triste sensation ? Un souffle glacé caresse mon visage.*

The fire...

*J'ose espérer que je pourrai à nouveau
te lire. Que nous pourrons d'une simple
pensée, avoir de douces soirées.
Je ressens une intense passion.*

*Je me surprends à t'imaginer près de moi.
Nous entamons une de nos longues
discussions au coin de cet âtre où nous
aimions tant nous retrouver.*

*Tu occupes toutes mes pensées, mon Adoré !
Que ces mots traversent les contrées. Qu'ils
te retrouvent et te ramènent à mes côtés.*

*Tendrement*

*Ta douce Amie*

Fairy...

### ***THE WRITER'S BLUES...***

Je ne sais comment décrire,
ce manque de désir !
Désir d'aimer, plaire ou rire,
même celui d'écrire.

Je voulais tout arrêter,
tu as su m'encourager.
Tu m'a redonné l'envie,
de retrouver mon petit grain de folie.

Tu joues, cela t'amuses
ma jolie muse.
Espiègle mélusine,
parfois coquine.

Ainsi, tel un tatouage,
les mots se dessinent sur ma page.
Ainsi les écrits s'animent,
grâce à mon porte-mines.

### ***ONLY ONE YOU MISS...***

Comment faire pour combler ce vide ?

Du miroir ne se reflète que ce regard livide.

Jour après jour, toujours ce vague à l'âme,

des yeux remplis de larmes.

Comment faire pour retrouver le sourire ?

Toutes ces choses qui font souffrir,

disparaîtront-elles peu à peu, tel un soupir,

pour ne devenir que de doux souvenirs.

*Extraits de ma nouvelle :*

*Sous les Alizées*
*(juin 2020)*

**Deux héros, les années folles,
une île paradisiaque...**

Une nouvelle d'aventures.

1922 une histoire d'Amour ; un homme de la haute société de Miami, une jeune fille d'Eatonville.

Un crash sur une île et les voilà au beau milieu du Pacifique…

…Les cheveux retombant en cascade sur sa nuque, une barbe claire lui couvrant le menton, cela donnait à Archibald un air de ces aventuriers (comme décrits dans les histoires romanesques que Roxane lisait). Son torse luisait au soleil, le teint hâlé, simplement vêtu d'un pantalon remonté à hauteur des mollets.
*[Il est vraiment très séduisant !]*
Songeait Roxane

Roxane avec sa belle chevelure flamboyante au vent, sa peau laiteuse qui avait désormais un hâle doré, était resplendissante.
Elle ne portait qu'une légère robe en mousseline ajourée. Pieds nus sur la plage. On aurait dit un ange.
*[Elle est vraiment sublime !]*
Rêvait Archibald...

The enchantment...

*Extraits de ma nouvelle*


*Les Amants de Groenlo*
*(novembre 2019)*

***MY SWEET,***

*Il pleut, la nuit est agitée. Une douce froideur enveloppe nos âmes meurtries.
Ce matin, un beau soleil nous ravi.
Une certaine bonne humeur règne dans le camp.*

*Je me languis de toi mon amie.
Les couleurs de l'Été me font penser à ce tableau de Maître que tu affectionnes tant.
Je voudrai être dans tes bras.
Les ordres de marche viennent d'arriver.
Quelle folie, nous allons attaquer les positions ennemies aujourd'hui.
Comme un signe du ciel, il pleure !
Un orage, le silence s'est installé.*

*Les visages se ferment. Nous savons que des amis ne seront plus là ce soir.*

*Je pense à toi comme espoir de survie.
Je ne peux pas croire que je ne te reverrai plus.*

*Mes pensées sont pour toi*

*Ton très cher Ami*

Sweet picture...

***MY DEAR,***

*Je reçois ta lettre, et comme toujours je la découvre avec fébrilité.*

*O ! Mon aimé, pourquoi t'ai-je laissé partir ?*
*Je voudrai tant que tu sois près de moi.*
*Que l'on puisse à nouveau nous amuser.*
*Nos fous rires me manquent.*
*Nos moments si complices.*

*J'ai tant de mal à imaginer ce que serait ma vie, si je te perdais.*
*Ton sourire ravageur et ton regard si protecteur me manquent également.*

*Je te cherche dans la nuit noire.*
*Je suis seule et désemparée.*
*Reviens-moi vite mon Aimé.*

*Promets-moi que tu ne tomberas point,*
*que ton nom ne figurera pas sur cette liste,*
*que je redoute tant de lire, lorsque nous avons des nouvelles des combats.*

*O ! Mon Adoré, n'oublies jamais que tu es mon espoir et que tu dois en faire ton devoir.*

*Avec toute ma tendresse*

*Ta douce amie.*

Sweet picture...

***IN MY HEAD...***

Le vent souffle son dédain,
la pluie déverse son chagrin,
le tonnerre déclame sa fureur,
l'éclair inflige sa douleur.

Au dehors tout n'est que fracas,
les éléments sont dans tous leurs états,
la nature nous impose ses caprices,
la terre s'en amuse avec malice !

C'est un peu comme dans ma tête,
plus rien n'a un air de fête.

Mon cœur saigne,
mon esprit en peine,
mes yeux plein de larmes,
tout ce vague à l'âme !

Telle la tempête,
plus rien ne se reflète.

*In my head...*

*Extraits de ma nouvelle :*

*Les Amants de Groenlo
(novembre 2019)*

## *MY SWEAT LOVE...*

*Le Ciel, le ciel, je regarde le ciel...*
*Je suis étendu sur le champ de bataille,*
*une douleur à l'épaule.*

*Je vois des ombres passer.*
*Autour de moi, des cris,*
*des ordres, le bruit du galop des chevaux.*
*Vais-je mourir ici... ?*
*Une sorte de plénitude m'envahit, ton visage*
*m'apparaît, tout se bouscule.*

*Quel beau ciel est ton visage.*
*Le ciel...J'ai mal...*
*Mon épaule meurtrie,*
*et puis plus rien...*
*Je me réveille sur une paillasse,*
*la tête engourdie,*
*un bandage autour de mon épaule.*

*Je suis en vie... Je suis en vie !*

*La victoire est à nous, on me raconte*
*que l'ennemi a capitulé.*

*Je suis en vie... Je vais te revoir.*

*Ton cher Ami*

Passing Time...

## *MY DEAR LOVE...*

*Enfin !*
*Bientôt tes bras pourront à nouveau*
*m'enlacer. Nous pourrons nous caresser,*
*nous embrasser, nous aimer.*

*O ! Mon adoré, cette torture sera enfin*
*terminée. Nous allons nous retrouver.*

*J'ai tant prié afin que les anges veillent sur*
*toi. Ils m'ont exhaussé !*

*Mon Aimé, j'ai eu si peur durant ce conflit.*
*Tous ces jours emplis de douleur, toutes ces*
*nuits où j'ai tant pleuré*

*Désormais, mon cœur est apaisé.*

*La tendresse s'est transformée en un senti-*
*ment plus intense, une émotion, une sensa-*
*tion que mon corps se défend, que mon cœur*
*accepte avec tant d'élan.*

*Je pense à toi, tu me manques terrible-*
*ment.Je t'aime tant mon adoré.*

*Amoureusement*

*Ta douce amie*

***OCEAN* ...**

Toi pour qui la Mer
était ton énergie.
Cette immensité fut ton Univers,
son rivage le paradis.

Moi pour qui la Terre
était pure énergie.
Cette étendue restera un mystère
sa splendeur la féerie.

Toi qui naviguais sur l'Océan de la mélancolie,
moi qui n'osais m'aventurer,
dans ce vaste inconnu,
tu es apparu tel un ange.
Au moment où je perdais pieds,
seule et perdue !
Tu as fait disparaître la monotonie,
le jour où tu m'as aperçu sur ce rivage.

Breaking wave...

***Extraits de ma nouvelle***

***Les Amants de Groenlo
(novembre 2019)***

***MY DEAR,***

*Après, plus de 15 jours de siège.*

*La chance étant de mon côté, je ne suis pas blessé, ta bonne étoile me protège du malheur.*

*La chaleur de nôtre correspondance me ravive le cœur.*
*Quelle folie la guerre, furie humaine, je n'ai plus d'espoir !*

*J'imagine ton corps, tes douces courbes, tes longs cheveux, ton parfum, ta voix, ton visage, comme il serait bon d'être dans tes bras.*
*Des gestes simples comme une caresse à la vie.*

*Ton prénom résonne dans ma tête à chaque fois que le danger rôde... Roxane, Roxane... ne meurt pas, elle ne mérite pas cela.*

*Ton ami*

Past time...

## *MY SWEET LOVE,*

*Tes mots me glacent le sang.*
*Mon cœur saigne.*

*Est-ce nécessaire, que cette folie*
*meurtrière t'éloigne chaque jour*
*un peu plus de moi ?*

*Toutes ces nuits, où je contemple le ciel*
*étoilé sous lequel nous aimions nous*
*retrouver. Te souviens-tu, de notre promesse*
*faîte sous le firmament ?*

*Mon Adoré, le manque de toi me rend triste*
*et cette mélancolie altère les saveurs de ma*
*vie.*

*O ! Mon Aimé, le souvenir de tes caresses,*
*de tes tendres baisers provoquent en moi*
*toujours autant de douces et délicieuses*
*pensées.*

Passing Time...

*Cependant, elles ne peuvent apaiser
mes peurs.*

*Je ressens le danger, c'est pourquoi,
tu entends cet appel.*

*Je désire si ardemment que tu me reviennes,
que des forces, quelles qu'elles soient
veillent sur toi.*

*O ! Mon Aimé, laisse-toi guider par ces
divines créatures, te protégeant d'un voile
invisible afin que ton cœur ne serve de cible.*

*Je ne cesse de penser à toi mon Adoré.*

*Tendrement*

*Ta douce amie*

angel...

Reflection...

***BLACK AND WHITE !***

L'image en Noir et Blanc
qui paraît d'un autre temps.
Évoque parfois une grande passion
que l'on déploie avec beaucoup d'attention.

Notre œil est fasciné.
Tel l'objectif qui l'a capturé.

Notre esprit peut rêver.
Telle nôtre âme qui l'a emprisonné.

La photographie reflète la réalité.
Le photographe projette sa créativité.

L'image en Noir et Blanc
que l'on sublime délicatement.
Évoque en nous l'émotion,
qui amène à de douces sensations.

*Au fil des pages vous avez pu découvrir ou redécouvrir mes poèmes.*

*D'anciennes ou nouvelles productions d'écrits, des photographies qui ont capturées au fil de mes balades diverses, des endroits, des choses, la nature, ou tout ce qui me fait vibrer, avec parfois un regard un peu particulier.*

*Le but était de vous divertir, et vous plonger au cœur de ce miroir sans tain qui ne peut refléter uniquement que ce que vous voulez bien y entrevoir...*

*ma bibliographie...*

*A très bientôt pour de nouveaux mots.*

*@RIL*